Dagmar Arzenbacher

Catherine Springer

DAS SCHNECKENHEFT

Bitte richten Sie Ihre Wünsche, Kritiken und Fragen an:
verlag das netz
Redaktion Betrifft KINDER
Kreuzstr. 64
13187 Berlin
Telefon +49 30.48 09 65 36
Telefax +49 30.481 56 86
evagrueber@verlagdasnetz.de

ISBN 978-3-937785-05-1

Lektorat: Erika Berthold
Gestaltung: Jens Klennert, Tania Miguez
Fotos: Dagmar Arzenbacher, Catherine Springer
Druck und Bindung: Förster & Borries, Zwickau
Printed in Germany
Weitere Informationen finden Sie unter www.verlagdasnetz.de

Dagmar Arzenbacher
Catherine Springer

DAS

SCHNECKEN HEFT

verlag das netz
Weimar · Berlin

Liebe Leserin, lieber Leser,

in unserer Lernwerkstatt Schuppen 9 sind 100 und eine Ausdrucksform entstanden, weil die Vielfalt unserer Quellen – Augen, Ohren, Tastsinn, Beobachtung, Gedächtnis, Absicht, Vernunft, Fantasie, Gefühl und soziales Empfinden ebenso wie Hartnäckigkeit, Humor und Muße – zusammenwirken. Also kein Geheimnis, keine besondere Gabe, sondern nur das, was jeder hat.

Wir haben das Sehen geübt, haben unsere Liebe zum Detail entdeckt, Vieles ausprobiert und es immer wieder faszinierend gefunden, wenn aus etwas Bekanntem etwas Unbekanntes, etwas Neues wurde. Es machte Spaß, zu beobachten, wie ganz kleine Dinge ganz groß wurden und ganz große Dinge ganz klein, wie durch Provokation etwas in Gang kam und plötzlich ein Eigenleben erhielt. Dabei waren uns die Kunst, die Architektur, die Musik, die Fotografie, die Geschichte, unser Körper und vor allem die Natur Impulsgeber.

Immer wieder empfinden wir kindliche Freude beim Verändern von Sichtweisen. Spielen, lachen, improvisieren und fantasieren, staunen über die Phänomene des Alltags – all dies lässt unsere Arbeit mit Erwachsenen und Kindern zu einem Vergnügen werden. Immer wieder stellen wir erstaunt fest, was wir entdeckt und gelernt haben.

Worauf es uns ankommt? Auf den aktiven Prozess, in dem unverstellte Wahrnehmung sensibilisiert und sich der »erwachsene Blick« für die Empfindungen und Möglichkeiten der Kinder öffnet. Wir versuchen, Gedankengängen, Vorlieben, Interessen und Fähigkeiten der mit uns Handelnden nachzuspüren, Erkenntnissen und Ergebnissen aufmerksam zu begegnen und den kreativen Prozess durch spontane Impulse in Bewegung zu halten, denn »entdeckendes Lernen« heißt für uns nichts anderes als die Auseinandersetzung mit Dingen, die alle Sinne ansprechen und es ermöglichen, dass etwas Ungeahntes Ausdruck findet, etwas Schöpferisches entsteht.

Oft erscheinen die Dinge, mit denen wir uns beschäftigen, ganz banal und alltäglich. Doch wenn wir uns mit ihnen in einen Dialog begeben, sie mit anderen Dingen konfrontieren, werden sie lebendig und manchmal sogar rätselhaft. Ein Schneckenhaus wird zum magischen Gegenstand, aus einem Stück Schnur wird ein Kunstwerk, eine Spirale wird

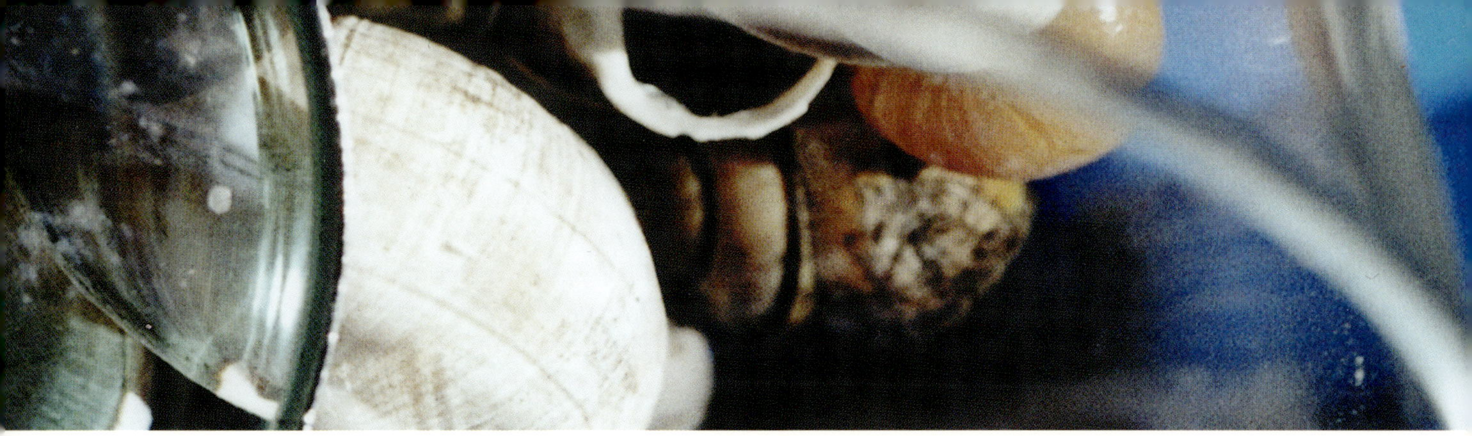

zum Startblock für einen Sprung in fantastische Gewässer. Alles ist so unterschiedlich und einzigartig, vergleichbar und doch auch wieder nicht. Man kann sie nicht hoch genug würdigen, die Geschenke der Natur, denn sie haben einen verführerischen Reiz. Sie verbergen eine Welt in sich, die man auf unterschiedlichen Wegen und mit vielfältigen Mitteln erforschen kann, wenn man loslässt und der Fantasie freien Raum gibt. Dann wird im Kleinen das Große ahnbar.

Nehmen wir die Schnecke. Ihre Formen- und Farbenvielfalt, ihre Lebensweise erzählen uns interessante Geschichten, wenn wir neugierig sind. Aber Neugier und Spiel brauchen besondere Bedingungen, anregende Situationen und die Sicherheit, sich entfalten zu können. Erst dann münden sie in Lernvorgänge, in denen Experimente Fragen aufwerfen, auf deren Antworten wir wiederum neugierig sind. Ein Kreislauf sozusagen, in dem sich Schneckenforscher ganz langsam in Schneckenexperten und Schneckenkünstler verwandeln.

Schnecken sind auch ein Symbol für Langsamkeit. Wir wünschen Ihnen, dass Sie sich mit den Kindern viel Zeit nehmen können für Beobachtungen, Experimente und die Entwicklung von Ausdrucksformen, dass Sie die Zeit förmlich vergessen, wenn Sie den Spuren der Schnecken folgen. Vielleicht entsteht dabei ein kleines Museum, ein Schneckenaquarium, und Fotos davon ergänzen dieses Heft. Dafür haben wir ein wenig Platz gelassen.

Hat jemand Langeweile? Braucht noch jemand ein Bastelbuch?
Nein. Denn unser Schnecken-Projekt soll zeigen: Dies ist ein Weg, auf dem Kindergärten und Grundschulen ihren Anspruch, Bildungseinrichtungen zu sein, auf unverwechselbare Weise erfüllen können.

Lesen und schauen Sie weiter, folgen Sie der Schneckenspur. Sie werden, genau wie wir, erstaunliche Entdeckungen machen, und wir wünschen Ihnen, dass die Lust auf Schnecken Sie geradezu übermannt. Teilen Sie diese Lust mit den Kindern und seien Sie gespannt darauf, was dann passiert.

Ihre
Dagmar Arzenbacher und Catherine Springer
Mai 2004

Caracol

Caracol – col – col
saca los cuernos al sol,
que tu madre y tu padre
ya los sacaron.

Schnecke
Schnecke – cke – cke
strecke deine Fühler zur Sonne,
so wie deine Mutter und dein Vater
sie gestreckt haben.

Aussprache:
Ggaraggol – gol – gol
sagga los gguernos al sol,
ge tu madre i tu padre
ja los saggaron.

Christian Morgenstern

Gespräch einer Hausschnecke mit sich selbst

Soll i aus meim Hause 'raus?
Soll i aus meim Hause nit 'raus?
Einen Schritt 'raus?
Lieber nit 'raus?
Hausenitraus –
Hauseraus
Hauseritraus
Hausenaus
Rauserauserauserause

Kannst du auch reinem und dichten?

SCH wie Schnecke

Wusstet ihr, dass Landschnecken...

... ein Herz, eine Leber, Nerven und Gedärme haben?

... Antennen ausfahren können?

... sich nicht gleich entscheiden können, ob sie Männchen oder Weibchen sein sollen?

... sechs Jahre alt und Weinbergschnecken sogar 20 bis 30 Jahre alt werden können?

... schon mit Haus geboren werden?

... erst nach drei Jahren erwachsen sind?

... viel Kalk fressen müssen?

... eine Raspelzunge und viele tausend Zähnchen haben?

... Weichtiere und Bauchfüsser sind?

... Liebespfeile versenden?

... die Putzkolonne der Natur sind?

... manchmal andere Tiere fressen, um deren Talente zu klauen?

... sich ihrer Umgebung anpassen?

... im Winter ihr Haus versiegeln?

Das ist doch interessant, oder?

Schnecken führen uns durch die Natur, in andere Länder und in die Kunst.
Sie bringen uns und unsere Köpfe in Bewegung.
Sammelt alles, was ihr über Schnecken findet, und legt ein kleines Archiv an.

Sammeln und Forschen

Im Herbst findet ihr unter Blättern im Garten und im Park leere Schneckenhäuser. Sammelt sie in Gläsern oder schönen Schachteln.

Die Schnecken haben ihre Häuser verlassen.
Wo sind sie geblieben?

Die gefundenen Schneckenhäuser könnt ihr nach Farbe, Form oder Größe sortieren.

Wie alt mögen sie sein?

Seht mal, manche sind ganz blass, andere verkalkt.
Manche haben Streifen.
So ein Eingang sieht aus wie eine Höhle. Da ist ja Erde drin!
Schaut man rein, schimmert das Licht durch die Schale?
Ob es Treppen in den Häusern gibt?

Was könnt ihr noch alles entdecken?

Schneckenwege

Kleine Schnecken hinterlassen viele farbige Tafelkreide-Spuren.

Habt ihr gemerkt? Es gibt rechts- und linksgedrehte Schneckenhäuser.
Versucht, so eine Drehung mit der rechten Hand zu malen und eine mit der linken.

Schneckentanz

Zu langsamer Schneckenmusik kannst du mit einem Stift auf dem Papier Linien ziehen, Spiralen und Kreise zeichnen. Wenn die Musik schneller wird, drehen sich die Spiralen und Kreise ineinander, so dass ihnen ganz schwindlig wird.
Deine Hand führt dich.

Stell dir vor, eine Schnecke tanzt. Langsam natürlich, sie lässt sich treiben.
Sie ist nicht in Eile. Andere Schneckentänzer gesellen sich zu ihr und tanzen gemeinsam mit ihr.
Sie haben viele Spuren hinterlassen.
Die Räume dazwischen kannst du mit Farbe ausmalen.

Du kannst auch mit Kreide eine Schneckenspur ziehen.

Oder mit Blei- oder Graphitstift ein Schneckenhaus abmalen.

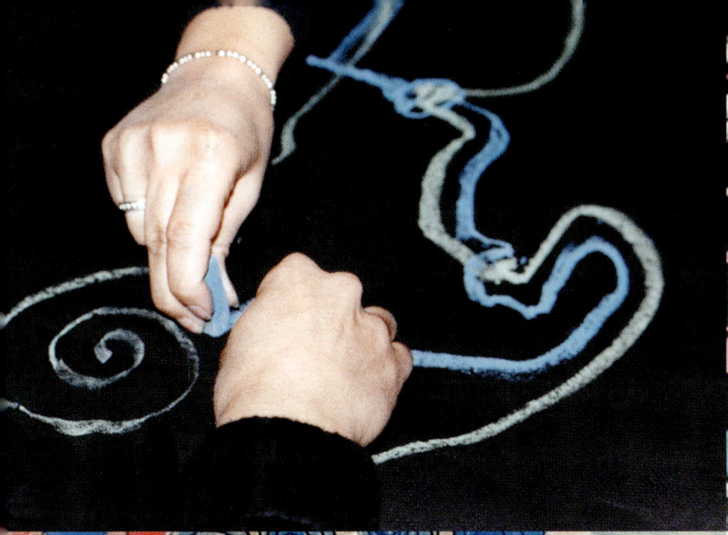

Diese leeren Seiten könnt ihr für eigene Ideen, Arbeitsnotizen, Bemerkungen, Zeichnungen, Fotos und Beobachtungen nutzen. Viel Spaß!

Die magische Spirale

Schneckenhäuser haben eine Spiralform.
Diese Form kannst du in der Natur oft finden.
Sogar unser Herz besitzt die Spiralform.

Sicher habt ihr auch schon Wolken gesehen, die spiralförmig sind, oder Wasserstrudel. Wenn ihr das Badewasser auslaufen lasst, könnt ihr dieses Schauspiel beobachten.

Habt ihr schon mal ein Bild von einem Tornado gesehen?
Das ist ein gewaltiger Wirbelsturm.

Verschiedene Pflanzen, der Farn zum Beispiel, entrollen ihre Blätter, und bevor die richtig ausgerollt sind, sehen sie wie Schneckenhäuser aus.

Spinnen weben ihre Netze wie feine Spiralen, und im Werkzeugkasten findet ihr Schrauben mit Spiralwindungen.

Was ist eine Spirale?

Der Weg der Spirale ist ein Weg hinein und wieder heraus – eine unendliche Bewegung. Dreht man sie, bewegt sie sich innen sehr schnell und wird nach außen langsamer.

Stell dir vor, diese Scheibe dreht sich.

Was siehst du?

Wenn du einen dünnen Blumendraht
um einen runden Holzstab wickelst
und den Stab dann vorsichtig herausziehst,
hast du eine Spirale hergestellt.

Auch die Lakritzeschnecke ist eine Spirale.

Wie lang mag sie sein?

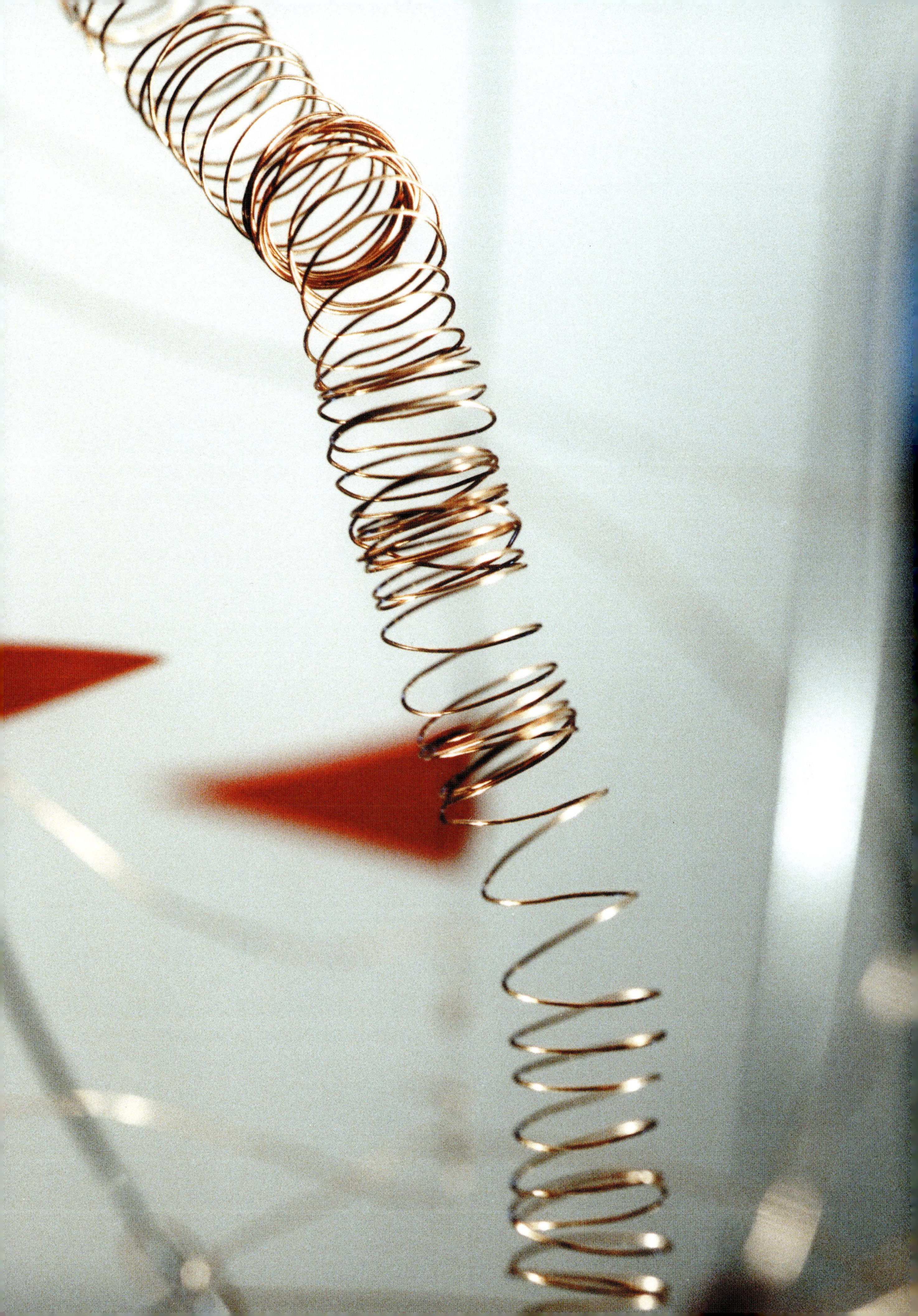

Mit einem Stückchen Schnur kannst du viele große und kleine Schnecken legen.

Lege ein weißes Papier auf die Schnecke und rubble sie mit einem Wachsmalblock durch. So erhältst du eine neue Schnecke. Noch besser geht es mit einem Graphitstift.

Versuche, eine Schnurschnecke festzukleben, bestreiche sie mit Farbe und drucke sie auf weißes Papier. Schon wieder ist eine einzigartige Schnecke geboren.

Wie könnte sie heißen?

Schneckenkunst

Das schöne Schneckenhaus auf dem Tisch hat **Harmen Steenwijck** vor 350 Jahren gemalt. Auch andere berühmte Künstler haben sich mit der Schnecke befasst. Wie die Uhr ist sie ein Symbol für die vergängliche Zeit.

Was ist ein Symbol?

Ein Sinnbild, eine Art Bildersprache, in der du etwas durch ein Zeichen ausdrücken kannst.

Kennst du auch Symbole?

Diese »Schneckenwege« malte **Paul Klee**. Er lebte von 1879 bis 1940 und war ein berühmter Zeichner, Maler und Grafiker. Eines seiner Bilder heißt »Zwitschermaschine«. Es hängt im New Yorker Museum of Modern Art. Ihr könnt es aber auch in Mario Giordanos Buch »Der Mann mit der Zwitschermaschine. Eine Augenreise mit Paul Klee« anschauen, das 2001 im Berliner Aufbau Verlag erschienen ist.

Vor 400 Jahren hat der Architekt **Francesco Segula** Figurenlabyrinthe gebaut.
Zum Vergnügen haben sich die Menschen darin verirrt.

Findest du den Eingang? Verfolge die Gänge mit dem Finger.

Wohin geht der Weg?

Das Bild ist ein Holzschnitt. Der Künstler hat eine Zeichnung aus einer Holzplatte herausgeschnitten. Die stehen gebliebenen Flächen, die eingefärbt und mit denen gedruckt wird, nennt man den Druckstock.

Es gibt große Baumeister und Architekten,
die sich die Schneckenform zum Vorbild nehmen.
Sie haben die Wendeltreppe erfunden,
und Herr **Ieoh Ming Pei** aus China hat
ein Schneckenhaus an das Deutsche Historische
Museum in Berlin gebaut.
Man kann von innen nach außen sehen und von
außen nach innen.

Wo habt ihr schon Wendeltreppen gesehen?

Gibt es einen Turm in eurer Nähe,
der so eine Treppe hat?

Wandelt und wendelt.

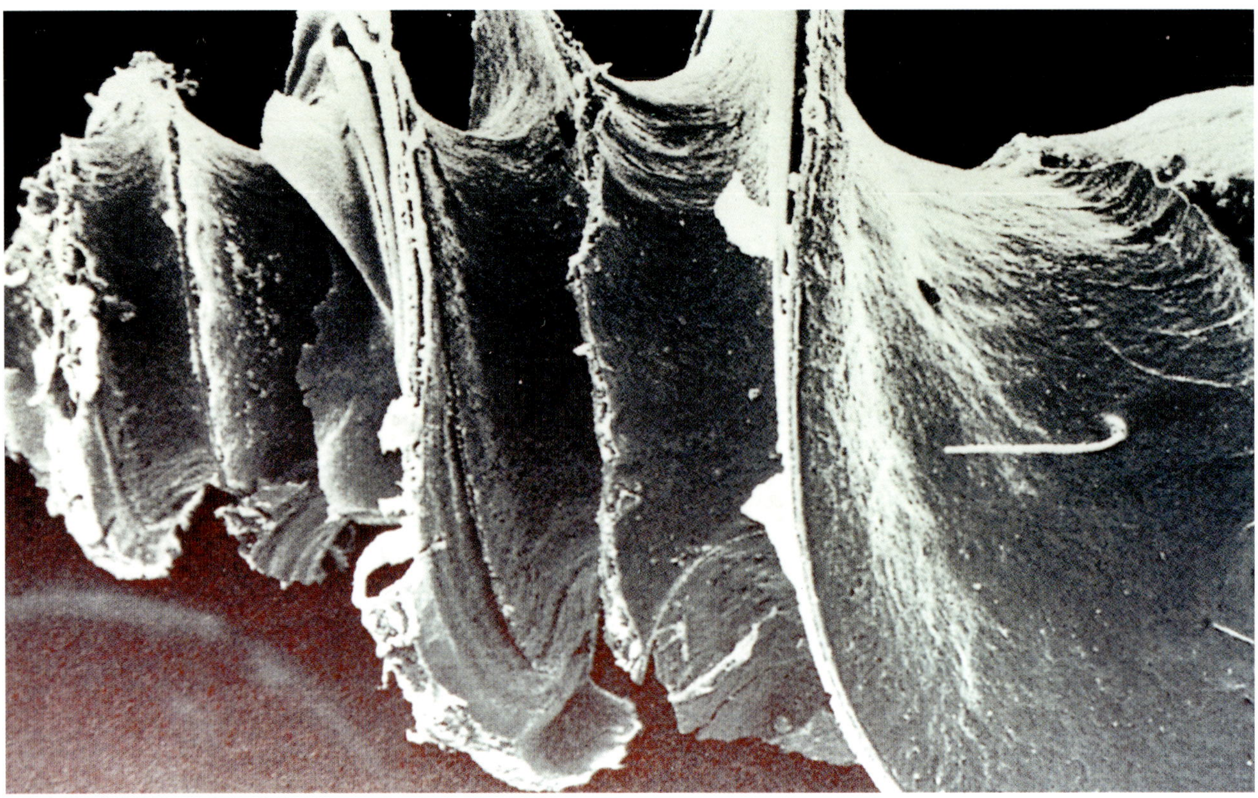

Ratet mal, was das ist.

(Oben: eine Ohrschnecke, rechts: ein Nautilusgehäuse)

Auf einem Spaziergang im Schlosspark kann man steinerne Schneckenbänke entdecken, sich hinsetzen und eine Streuselschnecke essen.

Wenn du ein Schneckenhaus in Silberfolie einpackst, sieht es wertvoll wie ein Schatz aus.

Wem möchtest du es schenken?

Diese leere Seite könnt ihr für eigene Ideen, Arbeitsnotizen, Bemerkungen, Zeichnungen, Fotos und Beobachtungen nutzen. Viel Spaß!

Schneckennamen

Es gibt ungefähr 100 000 verschiedene Schneckenarten auf der Welt, und sie haben wunderbare Namen:

Weinbergschnecke
Schließmundschnecke
Schnirkelschnecke
Bergschnecke
Spanische Wegschnecke
Blasenschnecke
Hornschnecke
Fasanenschnecke
Napfschnecke
Fechterschnecke
Porzellanschnecke
Walzenschnecke
Kreiselschnecke
Kegelschnecke
Stachelschnecke
Purpurschnecke
Japanische Schnecke
Krötenschnecke
Turmschnecke
Wurmschnecke
Elefantenschnecke
Baumschnecke
Spitze Schlammschnecke

Beschreibe, zeichne oder male sie.

Welche Geschichten fallen dir dazu ein?

Schneckenhäuser haben bunte Muster.
Du kannst ein Schneckenmustererfinder werden.

Eine Meeresschnecke sieht aus wie
ein Horn einer Bergziege, ein Spiralbohrer, eine Rutschbahn, ein Igel.

Wie noch?

Male Schnecken, die es gar nicht gibt.

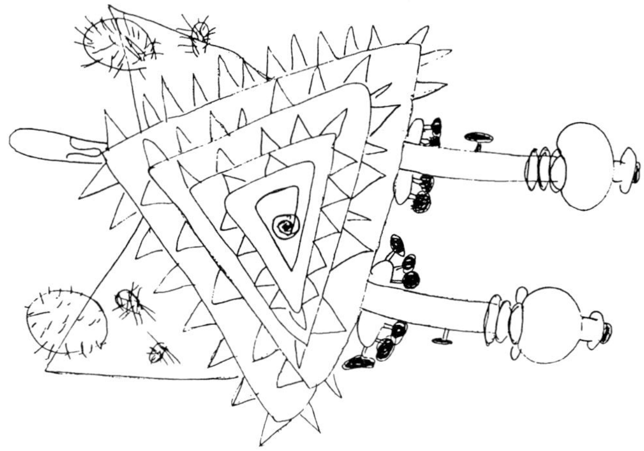

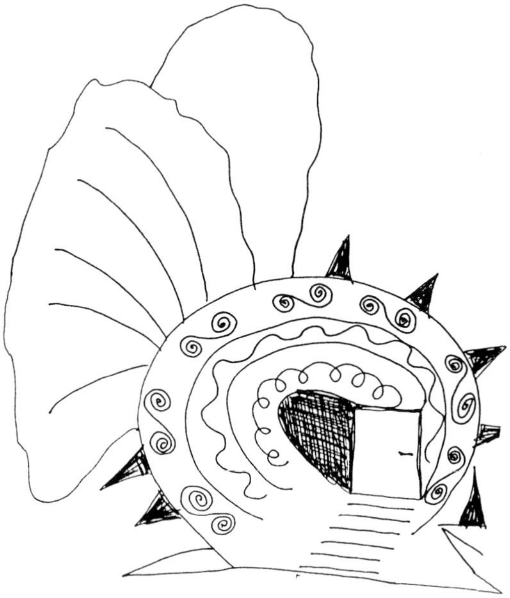

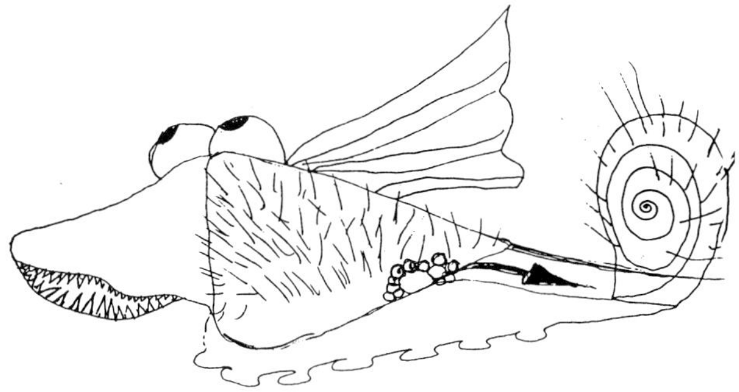

Schneckenforscher

Wir fangen Schnecken.

Ob sie sich von Gurkenscheiben, Äpfeln, Tomaten, Kartoffeln oder Schokolade anlocken lassen?
Gelingt das am Tage besser oder über Nacht?

Schnecken bewegen sich auf einer Glasscheibe.
Haben sie Füße?

Schnecken sind ziemlich schnell.
Wie viele Meter schaffen sie in einer Stunde?

Eine zeitlose Geschichte

Die Schnecke legt den Schneckengang ein und bewegt sich
am liebsten im Schneckentempo.
In manchen Zeiten reist sie im Zeitlupentempo.
Ist ihre Zeit gekommen, wird es höchste Zeit, wegzukommen.
Hat sie noch Zeit, bummelt sie eine Zeitlang durch den Park.
Sie nimmt sich Zeit, am Salat zu fressen.
Kommt sie nicht zur rechten Zeit, muss sie nehmen, was übrig bleibt.
Sie vertreibt sich die Zeit mit Beobachten.
Damit lässt sie sich besonders viel Zeit.
Von Zeit zu Zeit ruht sie sich aus.
Es ist eine Frage der Zeit, wie lange sie all das genießen kann.

Welche Zeit genießt du am meisten?

Wofür nimmst du dir Zeit?

Welche Zeitmesser kennst du?

Was ist die Zeit?
Und die lösende, nicht lösende Kinderantwort,
Staunensantwort kommt dazu:
Die Zeit ist eine Uhr ohne Ziffern.

Ernst Bloch

0
g
10
20
30
40
50
60
70
80
90
100

Schnecken-versuchslabor

Zubehör:
Briefwaagen, Zentimetermaße, Glasscheiben, Wasserspritzen, kleine Spiegel, Draht, Schälchen, Lupen, Gläser, Bücher über Schnecken, kleine Hefte und dünne Eddings für Notizen und Zeichnungen.

Wie viel wiegen Schneckenhäuser mit Schnecken? Und ohne?

Seht mal, das ist ein Röntgenbild von einem Nautilus.
Wer ist auch schon mal durchleuchtet worden?
Was hast du auf dem Bild gesehen?

In dein Schneckentagebuch kannst du zeichnen, was du bei der Schnecke entdeckt hast.
Male Augen, Fühler, die Haut und die Spuckblasen.

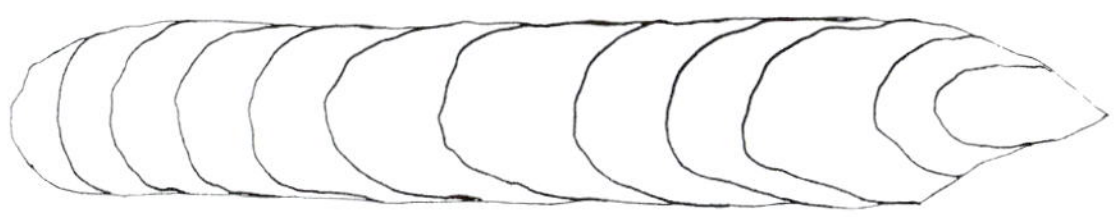

Wellenbewegung

Atmungsloch

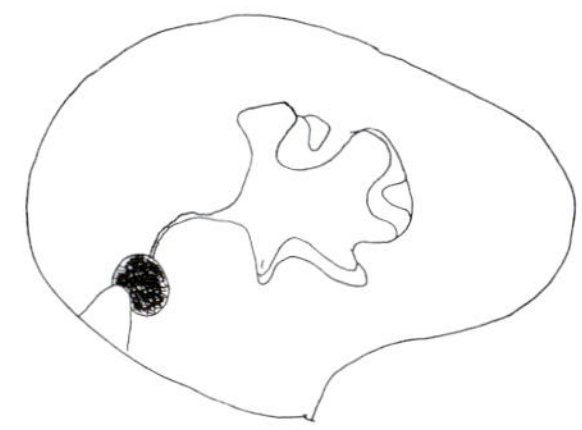

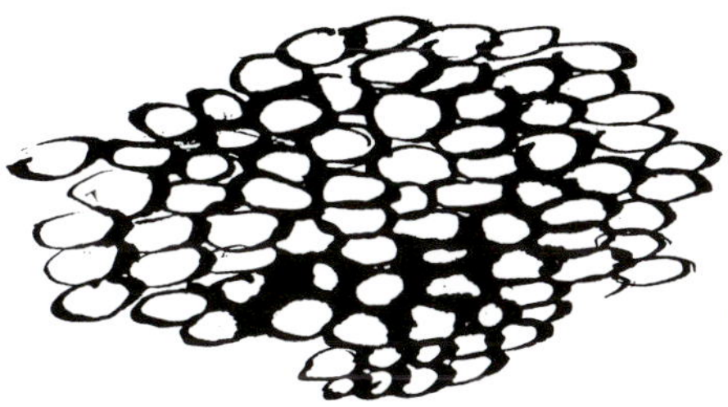

Schneckenhaut

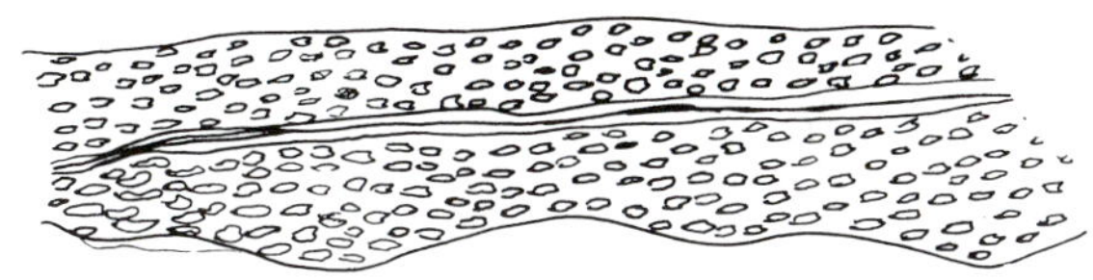

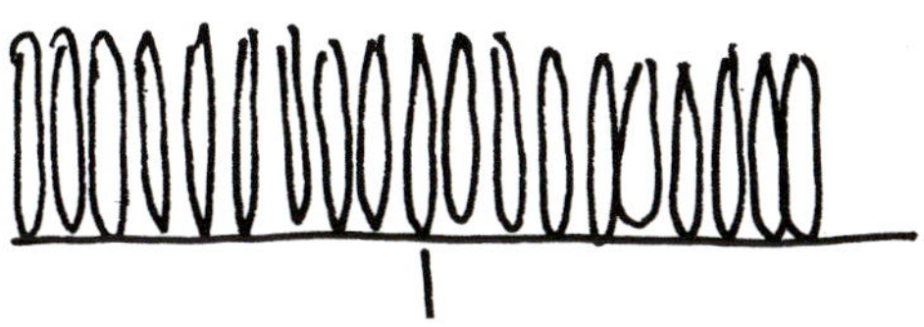

Zähne

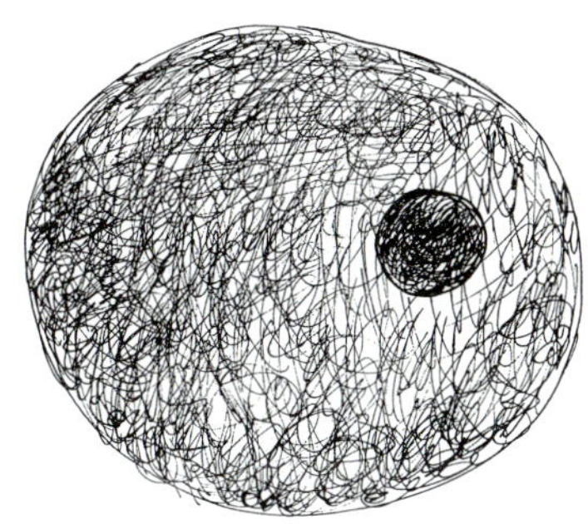

Auge

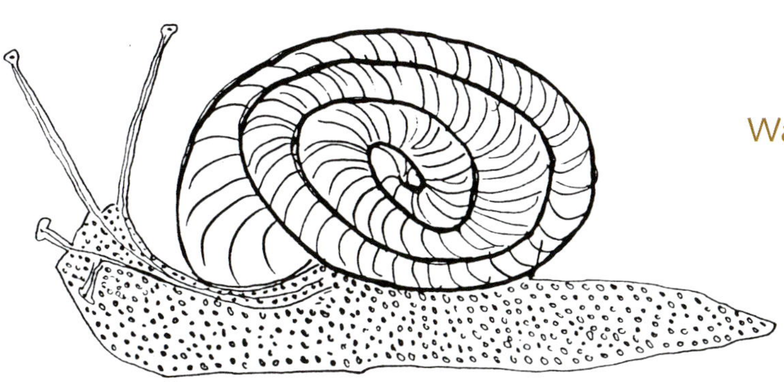

Was macht die Schnecke hier?

Fragen an die Schnecke

Wie kommst du in dein Haus?
Was frisst du gern?
Wie viele Eier legst du?
Wo versteckst du deine Eier?
Kannst du riechen, sehen, hören?
Was machst du im Winter?
Wie ist dein Haus befestigt, damit du es nicht verlierst?
Lebst du allein?
Wo lebst du am liebsten?

Hast du noch mehr Fragen?
Suche nach den Antworten, auch wenn es Monate und Jahre dauert,
oder denk dir selbst welche aus.

Schneckenspiele

Schneckenhopse

Malt mit Kreide ein großes Schneckenhaus auf. Unterteilt es in zehn oder mehr Felder. Die Felder müssen so groß sein, dass ihr mit den Füßen gut hineinpasst.
Es können viele Kinder mitspielen. Das Erste hüpft auf einem Bein von Feld zu Feld bis zur Mitte der Schnecke. Im letzten Feld kann es sich auf zwei Beinen ausruhen.
Dann muss es auf dem anderen Bein zurückhopsen.
Es darf kein Feld ausgelassen werden, die Linie darf nicht berührt werden, und man darf nicht mit dem zweiten Fuß aufsetzen. Wer einen Fehler macht, muss aufhören.
Jetzt wird es schwerer. Ein Steinchen wird mit dem Hüpfefuß vom ersten in das zweite Feld gekickt. Es darf die Linie nicht berühren, und der zweite Fuß darf den Boden nicht berühren. Wer in der Mitte angekommen ist, darf sich zur Belohnung ein Feld mit einem Zeichen markieren. Das ist sein Schneckenzimmer, in dem er sich ausruhen darf.
Die anderen Spieler müssen dieses Feld überspringen.
Für die Schneckenhopse kann man sich auch neue Regeln ausdenken.

Fangen in der Spirale

Die Kinder fassen sich an den Händen und stellen sich in Spiralform auf.
Zwei Katzen und eine Maus werden bestimmt. Die Katzen müssen die Maus fangen, dürfen aber dabei nur die Gänge der Spirale benutzen, während die Maus überall durchschlüpfen kann. Wird die Maus gefangen, fängt das Spiel von vorne an.

Fühlschnecke

In unserem Garten kriecht 'ne Schnecke,
die kommt ganz langsam nur vom Flecke.
Sie hat die Fühler ausgestreckt –
oh weh! Jetzt hat sie mich entdeckt.
Da zieht sie ihre Fühler ein
und kriecht ins Schneckenhaus hinein.
(Die rechte Hand ist mit ausgestrecktem Zeige- und Mittelfinger die Schnecke;
die linke Hand bildet das Schneckenhaus.)

Weitere Fühlspiele finden sich unter: www.kindergartenworkshop.de

Kleine Schnecke

Kleine Schnecke, kleine Schnecke,
kriecht hinauf, kriecht hinauf.
Kriecht auch wieder runter, kriecht auch wieder runter.
Kitzelt dich am Bauch und am ... (einen anderen Körperteil nennen) auch.
(Nach der Melodie von »Bruder Jakob« zu singen)

Ri ra rutsch,
wir fahren mit der Kutsch,
wir fahren mit der Schneckenpost,
bei der es keinen Pfennig kost.
Ri ra rutsch.

Und zum Schluss?

Eine Schneckenpost an mein Schneckchen...

Habt ihr Lust, selbst Schneckenbriefmarken zu entwerfen?